Impressum
Verlag: BABADADA GmbH, Nedderfeld 112 , 22529 Hamburg
Geschäftsführer / Verlagsleitung: Harald Hof
Druck: Books on Demand GmbH, In de Tarpen 42, 22848 Norderstedt

Imprint
Publisher: BABADADA GmbH, Nedderfeld 112 , 22529 Hamburg, Germany
Managing Director / Publishing direction: Harald Hof
Print: Books on Demand GmbH, In de Tarpen 42, 22848 Norderstedt

sekolah

ښوونځی

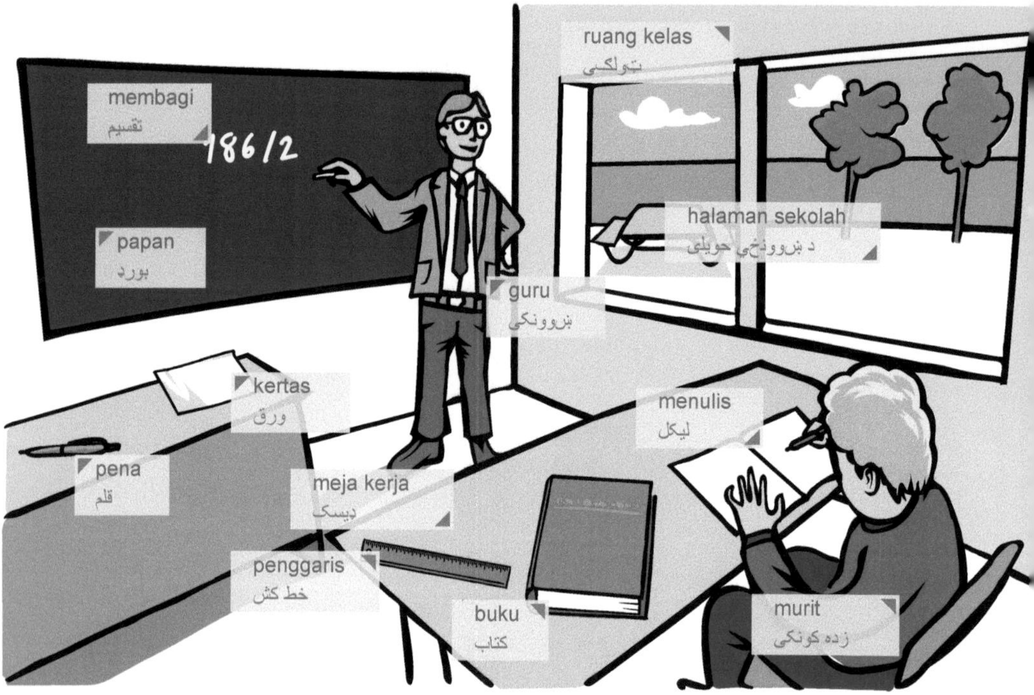

ruang kelas
ټولګی
membagi
تقسیم
186/2
papan
بورډ
halaman sekolah
د ښوونځي حویلی
guru
ښوونکی
kertas
ورق
menulis
لیکل
pena
قلم
meja kerja
ډیسک
penggaris
خط کش
buku
کتاب
murit
زده کونکی

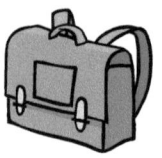

tas sekolah

کڅوړه

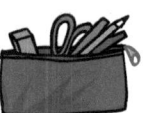

tempat pensil

د پنسل بکسه

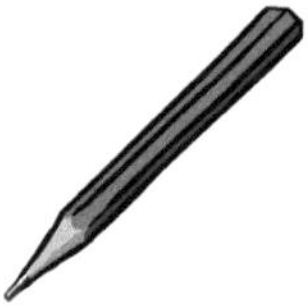

pensil

پنسل

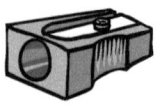

pengasah pensil

پنسل تراش

penghapus

ربړ

kertas gambar

د رسامۍ پاڼه

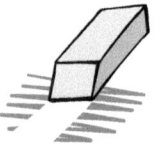

gamber

رسامي

kuas

د نقاشی برس

kotak cat

د نقاشی بکس

gunting

قیچي

lem

سریش

buku latihan

د تمرین کتاب

pekerjaan rumah

کورنی دنده

angka

شمیر

tambhakan

جمع

mengurangi

منفي

mengalikan

ضرب

menghitung

حساب

huruf

توری

alfabet

الفبا

hello

kata

کلمه

teks

متن

membaca

لوستل

kapur

تباشیر

pelajaran

درس

daftar

راجستر

ujian

ازموینه

sertifikat

تصدیق پاڼه

seragam sekolah

د ښوونځي یونیفارم

pendidikan

تعلیم

ensiklopedi

دایره المعارف

universitas

پوهنتون

mikroskop

مایکروسکوپ

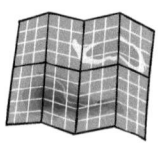

peta

نقشه

tempat sampah

اشغالدانی

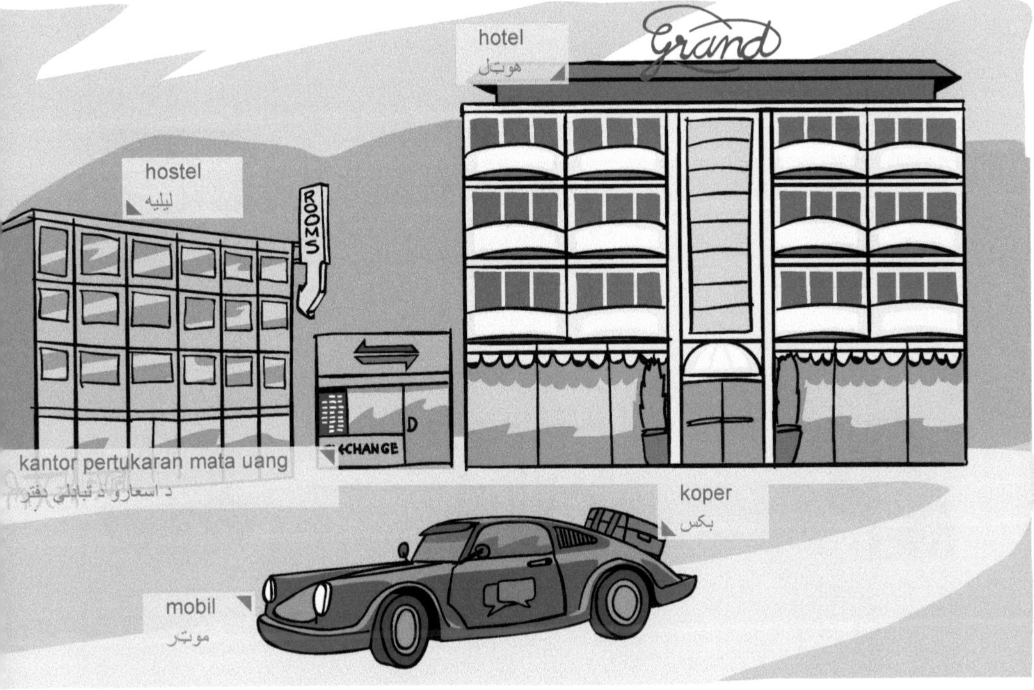

hotel
هوټل
Grand
hostel
لیلیه
ROOMS
EXCHANGE
kantor pertukaran mata uang
د اسعارو د تبادلي دفتر
koper
بکس
mobil
موټر

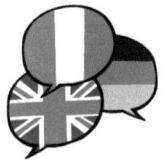

bahasa

ژبه

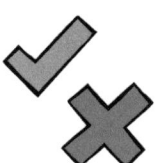

ya / tidak

هو/نه

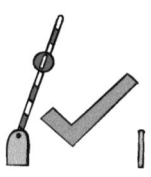

okay

سمه ده

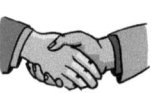

hallo

سلام

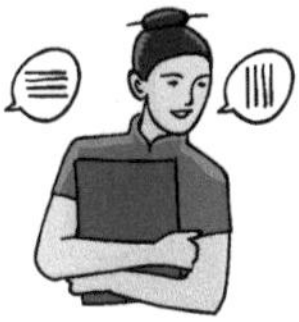

penerjemah

ژباړونکی

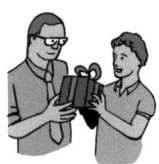

terima kasih

مننه

Berapa harganya…?

څومره دي…؟

saya tidak mengerti

زه نه پوهېږم

masalah

ستونزه

Selamat malam!

ماښام مو پخير!

Selamat siang!

سهار په خير!

Selamat tidur!

شپه په خير!

sampai jumpa

په مخه مو ښه

arah

لارښود

bagasi

سامان

tas

بیک

ransel

شاتنی بکس

tamu

میلمه

ruang

خونه

kantong tidur

د خوب کڅوړه

tenda

خیمه

informasi wisata

د توريزم معلومات

pantai

ساحل

kartu kredit

کریدیت کارت

sarapan

ناری

makan siang

د غرمي خواړه

makan malam

د شپې خواړه

tiket

تیکټ

elevator

لفټ

perangko

مهر

perbatasan

پوله

cukai

ګمرک

kedutaan

سفارت

visa

ویزه

paspor

پاسپورټ

transportasi

ټرانسپورټ

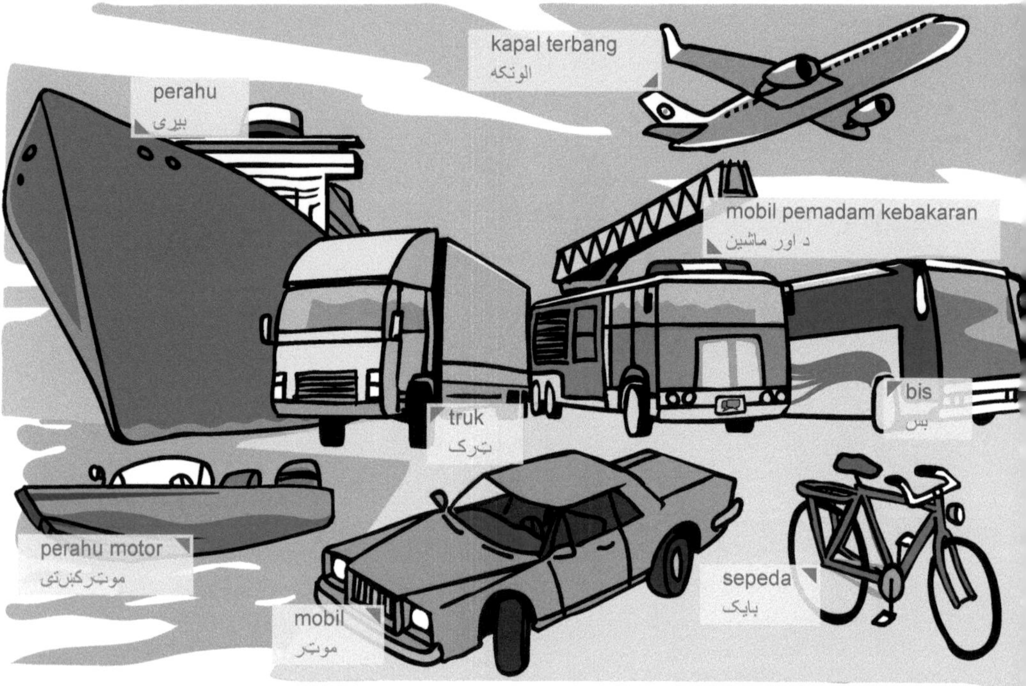
kapal terbang
الوتکه
perahu
بیړی
mobil pemadam kebakaran
د اور ماشین
truk
ټرک
bis
بس
perahu motor
موټرکښتی
sepeda
بایک
mobil
موټر

feri

کښتی

perahu

کښتی

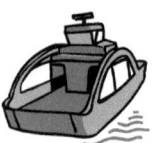

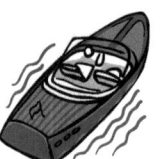

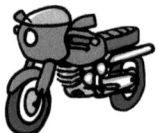

sepeda motor

موټرسایکل

mobil polisi

د پولیسو موټر

mobil balapan

د ریس موټر

mobil sewa

کرایی موټر

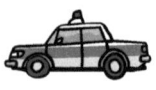

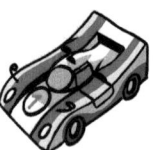

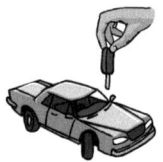

berbagi mobil

د كرايه موټرى

truk derek

جرثقيل لرونكى ټرك

truk sampah

ريفيوز ټرك

motor

موټر

bahan bakar

سونگ توكي

bensin

پټرول سټيشن

tanda lalulintas

ترافيكي نښه

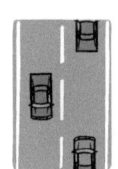

lalulintas

ترافيک

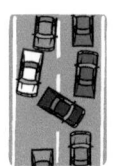

macet

جام ترافيک

parkir mobil

د موټرو تمځای

stasiun kereta

د ريل سټيشن

trek

پاټکي

kereta api

ريل

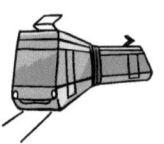

tram

ټرام

gerobak

واگون

helikopter

چورلکه

bendara

هوايي ډگر

menara

برج

penumpang

مسافر

container

کانتينر

karton

کارتون

troli

کارت

keranjang

ټوکری

berangkat / mendarat

الوتنه کول/کښيناستل

kota

ښار

desa

کلی

pusat kota

د ښار مرکز

rumah

کور

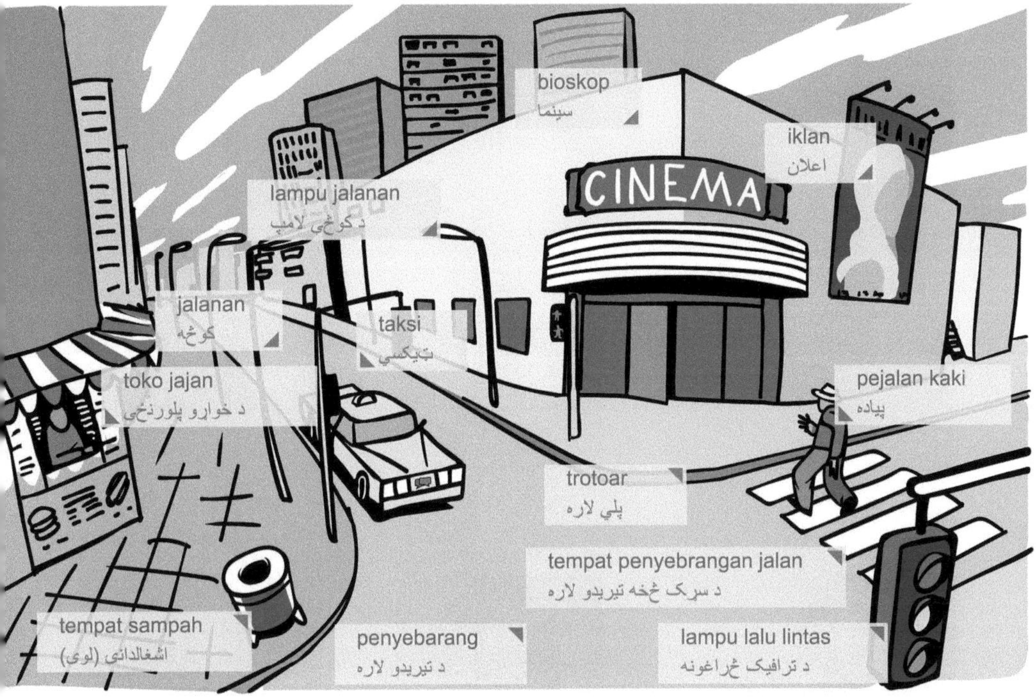

bioskop
سینما
iklan
اعلان
CINEMA
lampu jalanan
د کوڅې لامپ
jalanan
کوڅه
taksi
ټیکسي
toko jajan
د خوارو پلورنځی
pejalan kaki
پیاده
trotoar
پلي لاره
tempat penyebrangan jalan
د سړک څخه تیریدو لاره
tempat sampah
اشغالدانۍ (لوی)
penyebarang
د تیریدو لاره
lampu lalu lintas
د ترافیک څراغونه

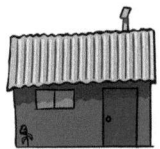

gubuk

کوډله

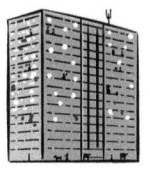

rumah flat

اپارتمان

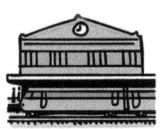

stasiun kereta

د ریل سټېشن

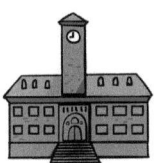

balai kota

ټاون هال

MUSEUM

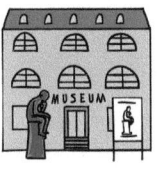

museum

میوزیم

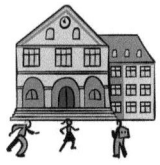

sekolah

ښوونځی

universitas

پوهنتون

bank

بانک

rumah sakit

روغتون

hotel

هوټل

farmasi

درملتون

kantor

دفتر

toko buku

کتاب پلورنځی

toko

پلورنځی

toko bunga

د گلانو پلورنځی

supermarket

لوی پلورنځی

pasar

مارکیټ

toko serba ada

د ډیپارټمنټ سټور

nelayan

کب پلورنځی

pusat belanja

د پلور مرکز

pelabuhan

لنگرتون

taman

پارک

banku

بینچ

jembatan

پل

tangga

زینه

kereta bawah tanah

د ځمکي لاندي

terowongan

تونل

pemberhantian bis

بس تمځای

bar

بار

restauran

ریستورانت

kotak surat

پوست بکس

tanda jalan

د کوڅی نښه

meteran parkir

د پارک کولو میتر

kebun binatang

ژوبڼ

kolam renang

د لامبو حوض

mesjid

مسجد

pertanian

كرونده

polusi

ناپاكي

kuburan

هديره

gereja

چرچ

tempat bermain

د لوبو ډكر

pura

معبد/كليسا

pemandangan
منظره

daun
پاڼه

penunjuk arah
د لارښوونى نښه

jalanan
لاره

padang rumput
چمن

batu
كاڼى

pohon
ونه

pejalak kaki
هيكر

sungai
سيند

rumput
واښه

bunga
ګل

lembah

دره

bukit

غوندی

danau

ناور

hutan

ځنگل

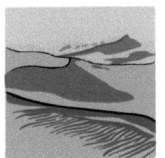

padang gurun

دشته

gunung berapi

اورشیندی

istana

کلا

pelangi

رنگین کمان

jamur

مرخیري

pohon palem

پلم ونه

nyamuk

ماشي

lalat

الوتل

semut

میږی

lebah

مچی

laba-laba

غوند/ابجولا

kumbang

كونگكەت

kodok

چونگبىرە

tupai

نولى

landak

زىرىكى

kelinci

سوى

burung hantu

كونگ

burung

مرغى

angsa

قازە

babi jantan

نرخوك

rusa

هوسى

rusa

گاۋزە

bendungan

بند

turbin angin

بادي توربين

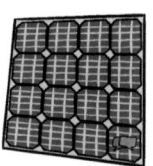

panel surya

سولر تختى

iklim

اقلىم

restauran

ریسټورانټ

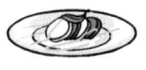

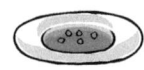

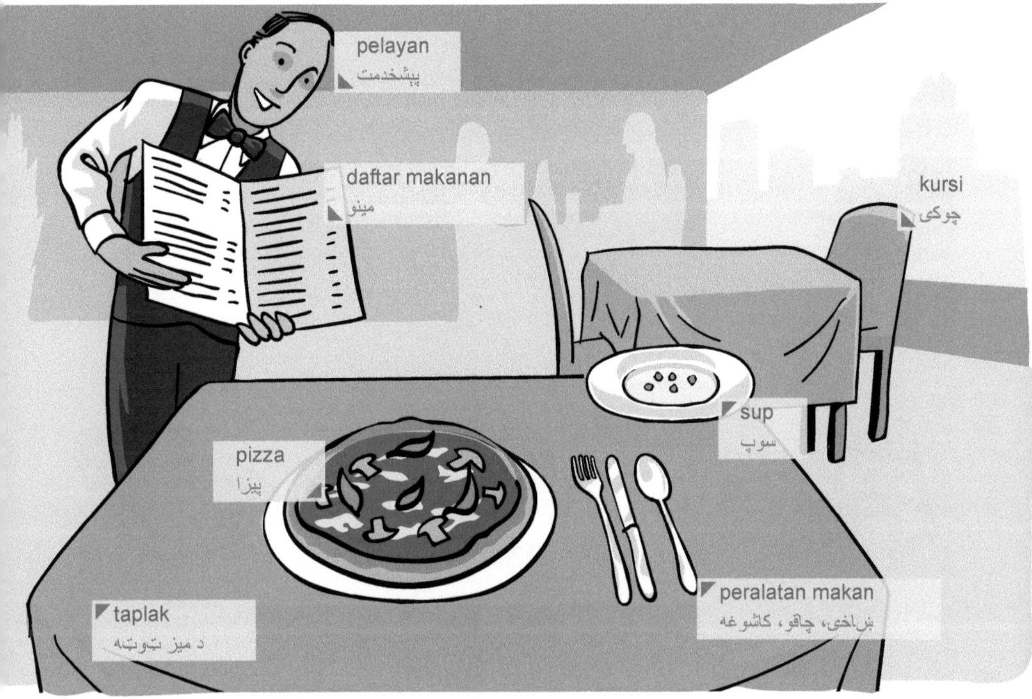

pelayan
پیشخدمت
daftar makanan
مینو
kursi
چوکۍ
sup
سوپ
pizza
پیزا
peralatan makan
ښاخۍ، چاقو، کاشوغه
taplak
د میز پوښه

hindangan pembuka
....
سټارټر

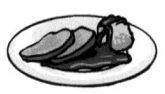

hidangan utama
....
اصلي خواړه

hidangan penutup
....
شیریني

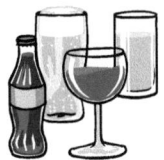

minuman
....
څښاک

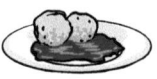

makanan
....
خواړه

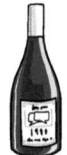

botol
....
بوتل

fastfood

فاست فود

masakan jalanan

د کوڅی خواره

teko teh

چای جوش

kaleng gula

قندانی

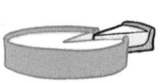

porsi

برخه

mesin espresso

اسپرسو مشین

kursi tinggi

لوړه چوکی

tagihan

رسید

baki

مجمه

pisau

چاکو

garpu

پنجه

sendok

قاشق

sendok teh

چای قاشق

serbet

سورویت

gelas

گلاس

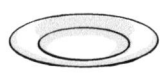

piring

پلیټ

piring sup

د سوپ پلیټ

lepek

نالبیکی

saus

ساس

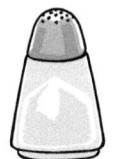

tempat garam

مالګه شیندونکی

gilingan merica

د مرچ ټکولو لوخی

cuka

سرکه

minyak

غوړي

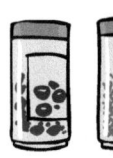

bumbu

مساله

saus tomat

کچ اپ

mustar

شرشم

mayones

چکه

penawaran khusus
خانګړى وړانديز

klien
پيرودونکى

produk susu
لبنيات

troli
لاسي ګرځ

buah
ميوه

pembantai

قصابي

toko roti

نانوايي

menimbang

وزن کول

sayur

سبزيجات

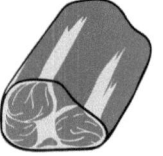

daging

غوښه

makanan beku

کنګل خواره

pemotongan dingin

يخه غوښه

makanan kaleng

کنسروا خواړه

sabun serbuk

د مينځلو پودر

permen

شيريني

alat-alat rumah tangga

کورني توليدات

obat pembersihan

د پاکولو محصولات

penjual

د پلور فرد

kasa

د نغدي راجستر

kasir

صراف

daftar belanja

د پيرود ليست

jam buka

کاري ساعتونه

dompet

بټوه

kartu kredit

کريډيټ کارت

tas

کڅوړه

kantong plastik

پلاستيک کڅوړه

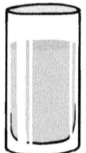

air

اوبه

jus

جوس

susu

شیده

cola

کوک

anggur

واین

bir

بیر

alkohol

الکول

coklat

ککاو

teh

چای

kopi

کافي

espresso

اسپرسو

cappucino

کپچینو

pisang

کیله

apel

منڅه

jeruk

نارنج

semangka

هندوانڅه

jeruk lemon

لیمو

wortel

گازره

bawang putih

هوږه

bambu

بانکس

bawang bombai

پیاز

jamur

مرخیړی

kacang

چغزی

mi

آش

spagetti

سپيگټي

nasi

وريجي

salat

سلاد

kentang goreng

چپس

kentang goreng

سره كړي كچالو

pizza

پيزا

hamburger

همبرګر

sandwich

ساندويچ

sayatan

كتره

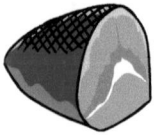

ham

د پتون غوښه

salami

سلمي

sosis

ساسچ

ayam

چرګ

menggoreng

روسټ

ikan

كب

bubur gandum

د وربشي شيرني

sereal

موسلي

cornflakes

د جوار پلی

tepung

اوړه

croissant

کروسانت

roti

د ډوډۍ رول

roti

ډوډۍ

toast

ټوسټ

biskuit

بسکيټ

mentega

کوچ

dadih

چکه

kue

کيک

telur

هګۍ

telur goreng

پخلي هګۍ

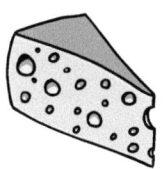

keju

پنير

eskrim

آیس کریم

gula

بوره

madu

شهد

selai

مربا

krim nugat

نوكات كريم

kare

كوركمان

pertanian
کرونده

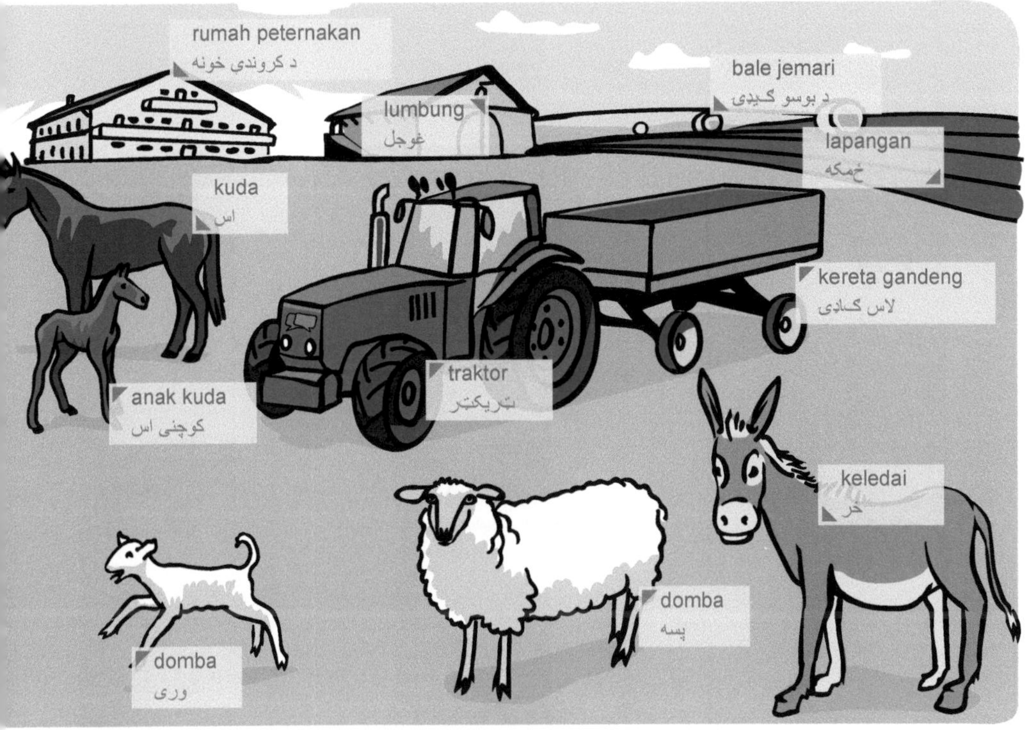

rumah peternakan
د کروندې خونه
lumbung
غوجل
bale jemari
د بوسو کیدی
lapangan
خمکه
kuda
اس
kereta gandeng
لاس گادی
traktor
ټریکټر
anak kuda
کوچنی اس
keledai
خر
domba
پسه
domba
وری

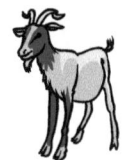

kambing
....
وزه

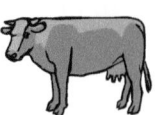

sapi
....
غوا

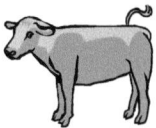

betis
....
خوسکی

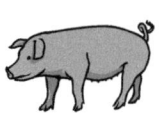

babi
....
خوګ

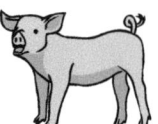

celeng
....
د خوګ بچی

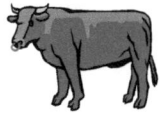

banteng
....
غویی

angsa

بتە

bebek

هیلی

anak ayam

چرګوړی

ayam

چرګه

ayam jantan

بانګي

tikus

سارای موږک

kucing

پیشک

tikus

موږک

lembu

غویی

anjing

سپی

rumah anjing

د سپي خونه

selang

د باغ هوز

penyiram

د اوبو لوخی

sabit

لور (داس)

bajak

یوی

sabit

لور

cangkul

رمبی

garpu rumput

بنﻳﺎﺧﻰ

kapak

تبر

gerobak

کراچی

palung

ناوه

kaleng susu

د شﻳﺪﻭ ﻟﻮﺧﻰ

karung

جوال

pagar

کټاره

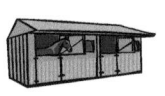

kandang

مضبوط

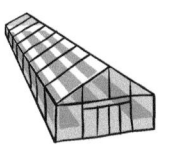

rumah kaca

ﺷﻨﻪ ﺧﻮﻧﻪ

tanah

خاوره

benih

تخم

pupuk

سره/کود

mesin pemanen

کﺪ ﺭﻳﺒﻮﻧﻜﻰ ﻣﺎﺷﻴﻦ

panen

زيرمه کول

panen

درمند

yams

خواړه کچالو

gandum

غنم

kedelai

سويا

kentang

کچالو

jagung

جوار

lobak

نباتي تخم

pohon buah

د ميوی ونه

singkong

مانيوک

sereal

غله

rumah

کور

cerobong
درځه
atap
بام
pipa talang
ناودان
jendela
کړکۍ
garasi
ګراج
bel pintu
د دروازې زنګ
pintu
دروازه
sampah
اشغالدانۍ
kotak surat
د لیک بکس
kebun
باغ

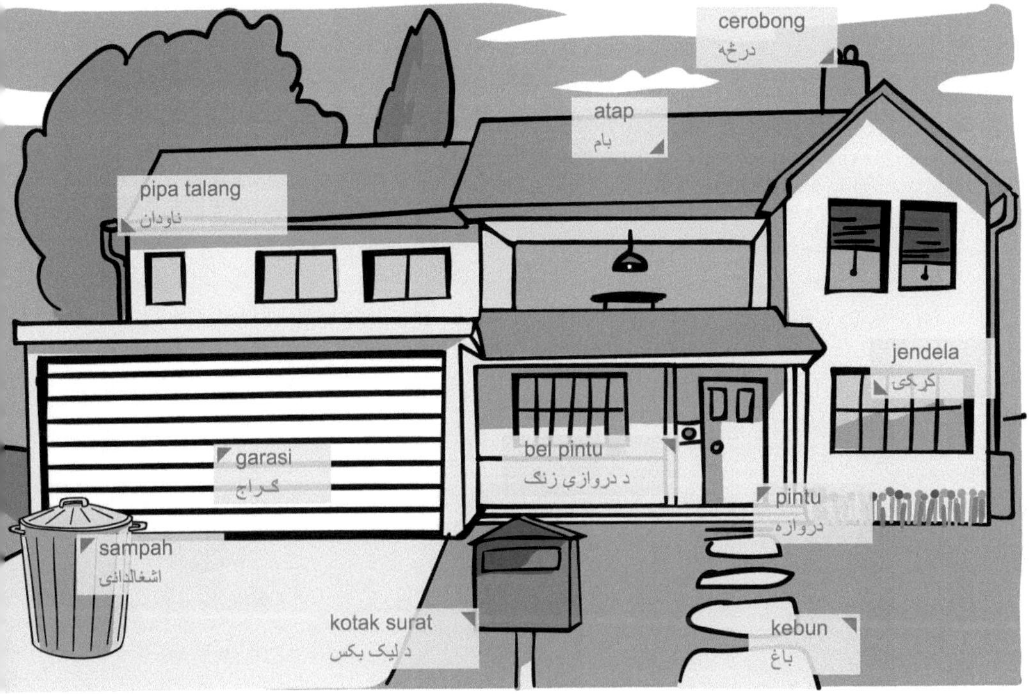

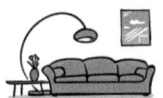

ruang tamu

د اوسیدو خونه

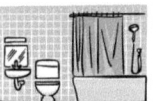

kamar mandi

حمام

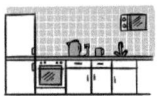

dapur

پخلنځی

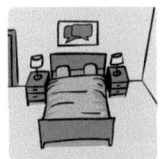

kamar tidur

د ویده کیدو خونه

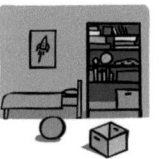

kamar anak

د ماشوم خونه

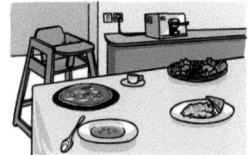

kamar makan

د خوارو خونه

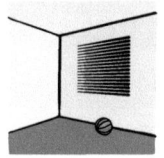

lantai

فرش

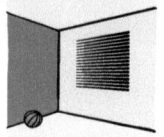

tembok

ديوال

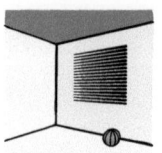

atap

چت

gudang di bawah tanah

زيرخانه

sauna

سونا

balkon

بالكوني

teras

تراس

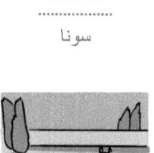

kolam renang

حوض

mesin pemotong rumput

د چمن وهلو ماشين

sprei

شيت

selimut

روجايی

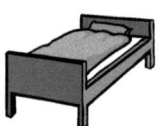

tempat tidur

تخت

sapu

جارو

ember

بوكه

tombol

سويچ

ruang tamu

د اوسيدو خونه

kertas dinding
والپيپر
gambar
عکس
lampu
لامپ
rak
شيلف
kabinet
الماری
televisi
تلويزيون
perapian
نغری
bunga
ګل
bantal
بالښت
sofa
صوفه
vas
ګلدانی
remote control
ريموټ کنټرول

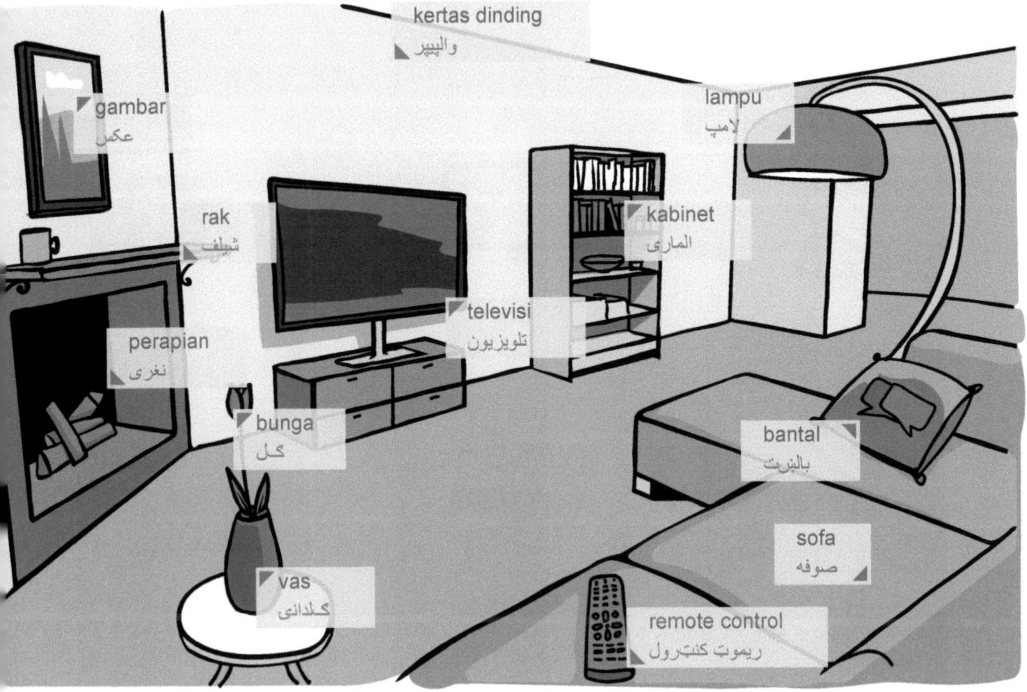

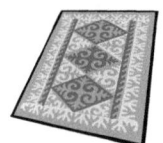

karpet
غالی

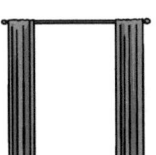

korden
پرده

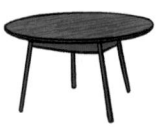

meja
ميز

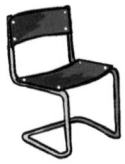

kursi
چوکی

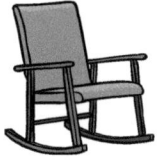

kursi goyang
تاويدونکې چوکی

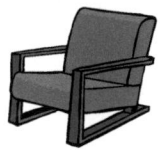

kursi malas
بازو لرونکی چوکی

buku

كتاب

selimut

كمبل

dekorasi

ديكوريشن

kayu bakar

د اور لرګي

filem

فلم

hi-fi

هايفاى

kunci

كلي

koran

ورځپاڼه

lukisan

نقاشي

poster

پوستر

radio

راديو

buku tulis

كتابچه

penyedot debu

واكيوم جارو

kaktus

كاكتوس

lilin

شمع

dapur
پخلنځی

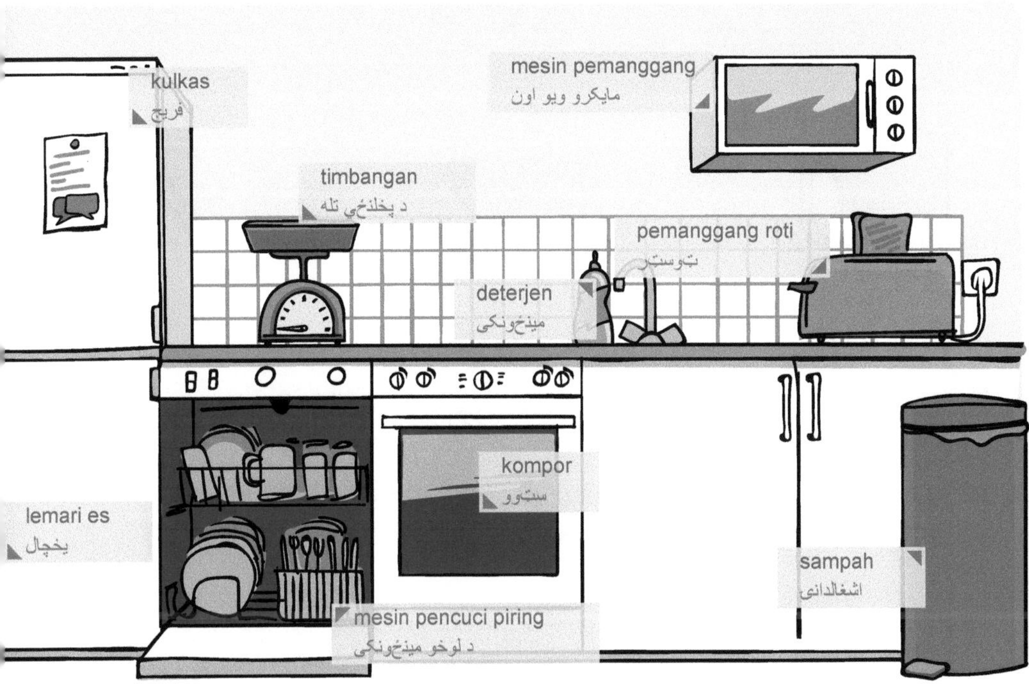

kulkas
فریج
mesin pemanggang
مایکرو ویو اون
timbangan
د پخلنځي تله
pemanggang roti
ټوستر
deterjen
مینځونکی
kompor
سټوو
lemari es
یخچال
sampah
اشغالدانی
mesin pencuci piring
د لوښو مینځونکی

kompor
دیګ بخار

panci
لوښی

panci besi
چدني لوښی

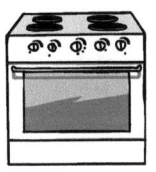

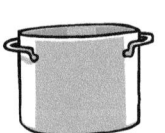

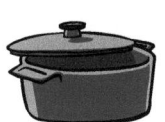

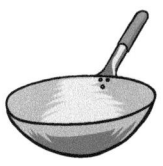

wajan
ووک

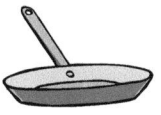

panci
د تلي په

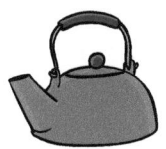

pemanas air
چای جوش

panci pengukus makanan

د بخار ديگ

nampan

پتنوس

piring

لوخي

cangkir

مگ

mangkok

كاسه

sumpit

د رانيولو اوزار

sendok sup

ټمڅی

sudip

كفګير

mengocok

پاكونكی

saringan

صافي

saringan

غلبيل

parutan

ګريټر

mortir

اونګ

barbeque

بار بي كيو

api terbuka

خلاص اور

papan memotong

تخته

gilingan

هوارونکی

alat pembuka botol

کارک سکريو

kaleng

ټيم

pembuka kaleng

د ټيم خلاصونکی

pegangan panci

د لوخي ټوټه

wastafel

ظرف شوی

sikat

برس

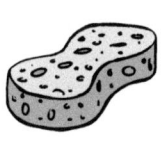

busa

سپنج

mesin pencampur

بليندر

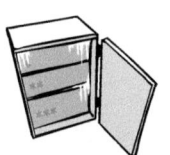

lemari es

ژور يخچال

botol bayi

د ماشوم بوتل

keran

نل

kamar mandi

حمام

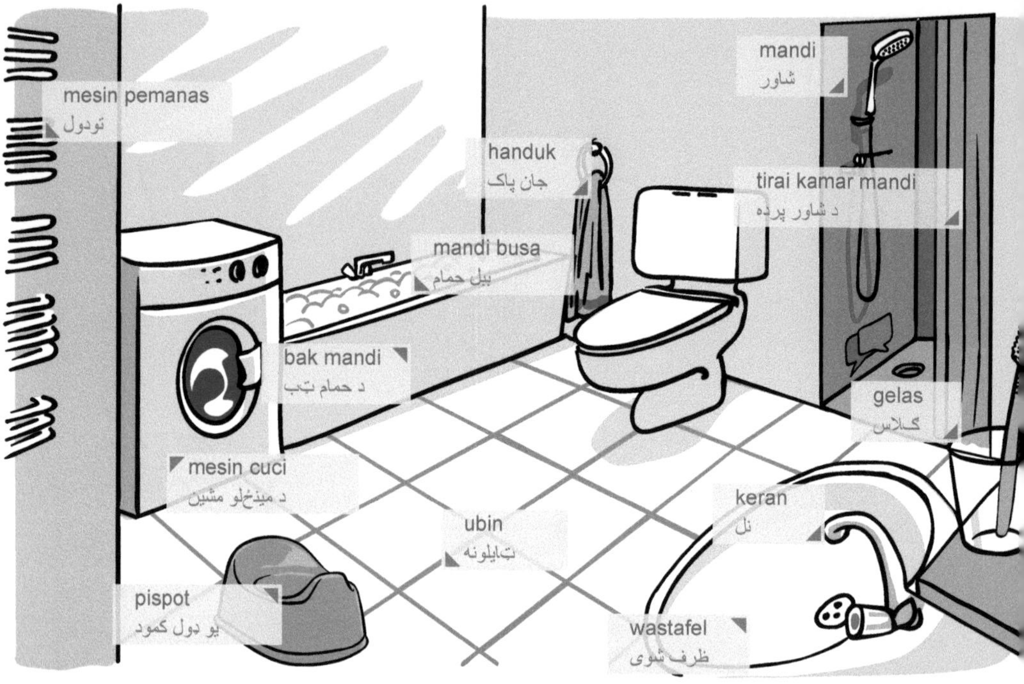

mesin pemanas
تودول
mandi
شاور
handuk
جان پاک
tirai kamar mandi
د شاور پرده
mandi busa
ببل حمام
bak mandi
د حمام ټب
gelas
گلاس
mesin cuci
د مینځلو مشین
keran
نل
ubin
ټایلونه
pispot
یو ډول کمود
wastafel
ظرف شوی

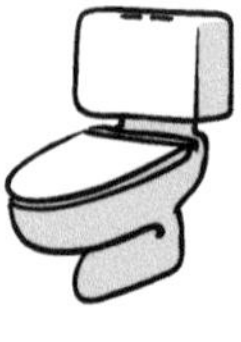

toilet

تشناب

toilet jongkok

فرشي کمود

bidet

کمود

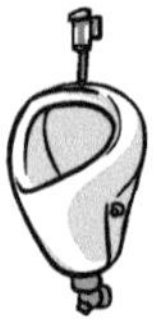

pissoir

د متیازو ځای

kertas toilet

تشناب کاغذ

sikat toilet

د تشناب برس

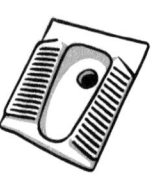

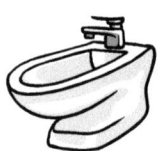

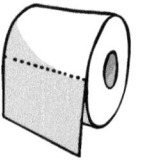

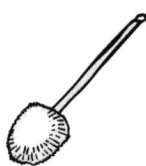

sikat gigi

د غاښونو برس

pasta gigi

د غاښونو کریم

benang gigi

د غاښونو نخ

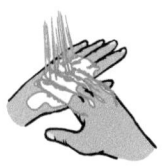

menyuci

مینځل

pancuran tangan

لاسي شاور

pancuran

دوش

bak

خانک

sikat punggung

د شا برس

sabun

صابون

gel mandi

د شاور ژل

sampo

شامپو

planel

فلانل جامه

kuras

وچول

krim

کریم

deodoran

سپری

kaca

آينه

cermin tangan

لاسي آينه

pisau cukur

ريزر

busa cukur

د خريلو فوم

aftershave

د خريلو وروسته

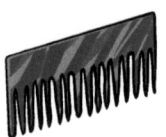

sisir

كمذخ

sikat

برس

alat pengering rambut

د ويښتانو وچونكی

semprot rambut

د ويښتانو سپری

makeup

ميک اپ

lipstik

ليپ سټيک

cat kuku

د نوكانو پالش

kapas

كاتن وری

gunting kuku

ناخن گير

minyak wangi

عطر

kantong pencuci

د مينځلو كڅوړه

bangku

ستول

timbangan

د وزن كولو تله

mantel mandi

د حمام پوښاک

sarung tangan karet

د ربر دستكش

tampon

تامپون

handuk pembalut

صحیی جان پاک

toilet kimia

كيميكل تشناب

kamar anak
د ماشوم خونه

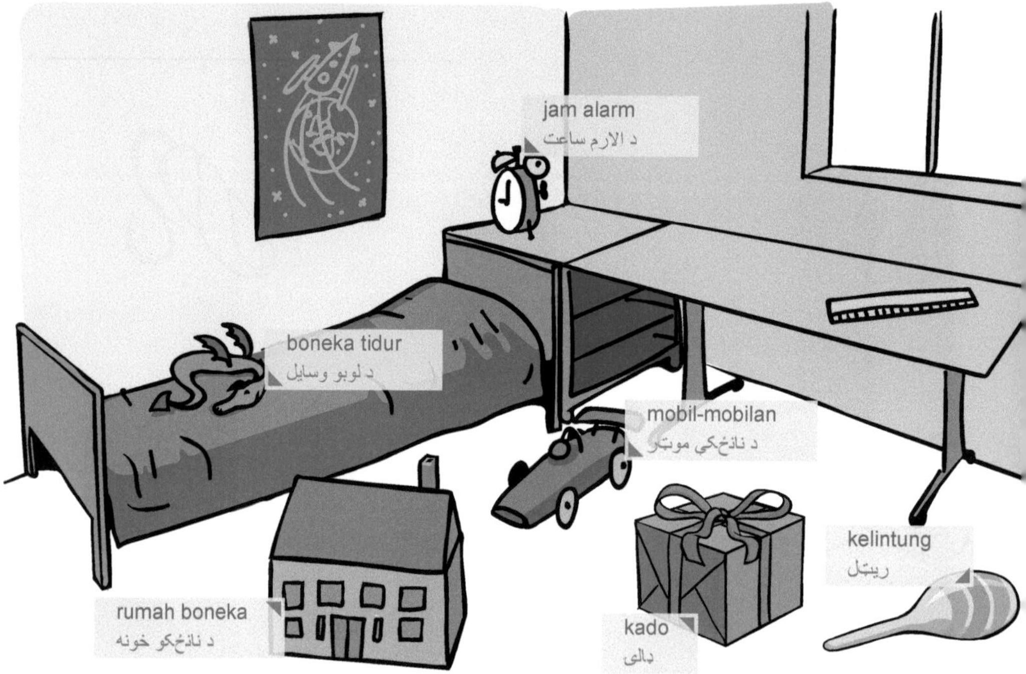
jam alarm
د الارم ساعت
boneka tidur
د لوبو وسایل
mobil-mobilan
د ناڅکي موټر
kelintung
ریتبل
rumah boneka
د ناڅکو خونه
kado
دالی

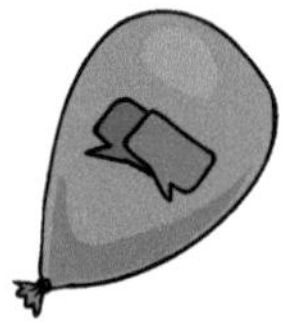

balon
بالون

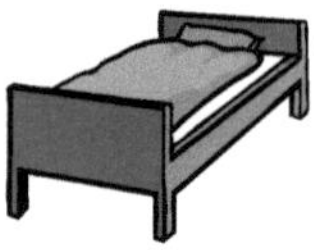

tempat tidur
تخت

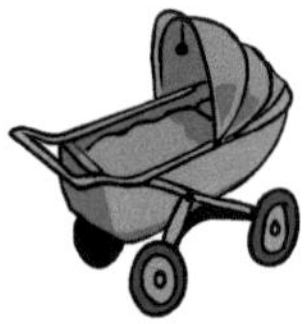

kereta bayi
کالسکه

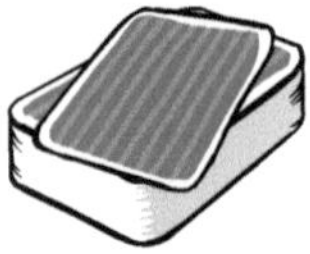

mainan kartu
د لوبو ورقي

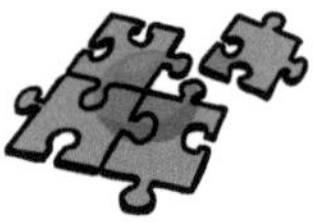

teka-teki
جیکسا

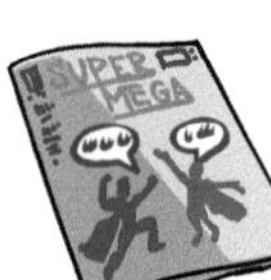

komik
مسخره

mainan lego

لیګو بریک

blok mainan

د ناڅخکو بلاک

figur aksi

د اکشن فیگور

baju monyet

د ماشوم پوښاک

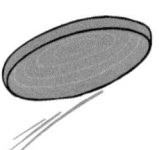

frisbee

فریزبي

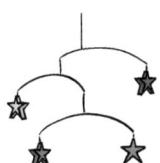

mobile

موبایل

permainan papan

بورډ لوبه

dadu

تاس

set model kreta api

مادل ریل سیټ

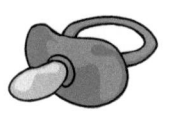

dot

کونګښی

pesta

پارتي

buku gambar

د عکسونو البوم

bola

بال

boneka

ناڅخکه

bermain

لوبیدل

kamar anak - د ماشوم خونه   43

tempat main pasir

دشگوکنده

ayunan

سوینگ

mainan

ناز خکي

video game konsol

دویدیولوبوکنسول

sepeda roda tiga

تری سایکل

teddy

کوډکه

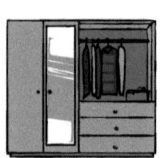

lemari pakaian

دکالوالماری

kaos kaki

جرابي

kaos kaki

لوړي جرابي

baju ketat

تایتس

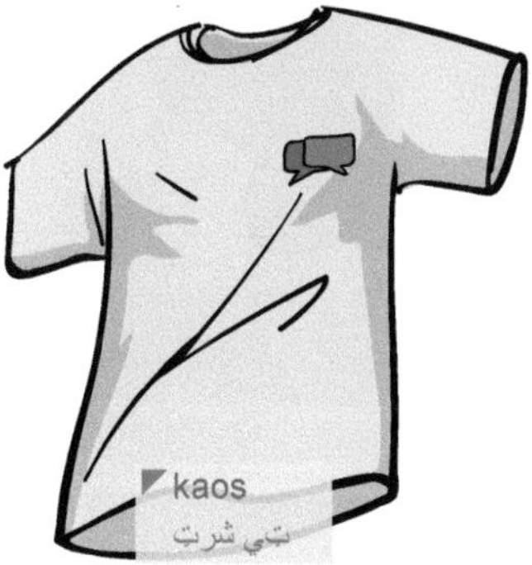

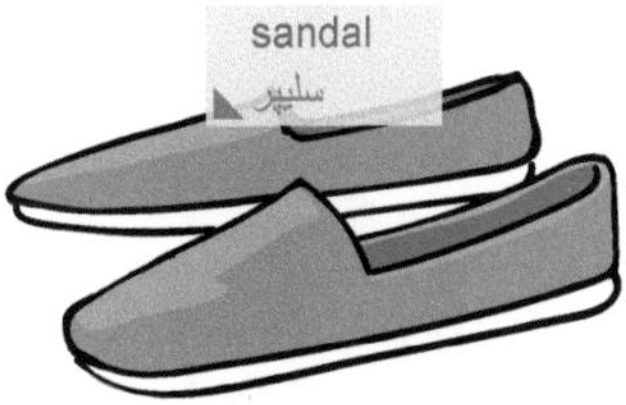

syal
زروکی

sabuk
کمربند

payung
چتری

kaos
ټي شرت

sepatu bot
بوټان

sandal
سلیپر

sepatu
سنیکر

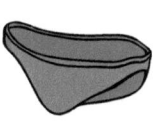

sandal
....
سیندل

sepatu
....
بوټان

sepatu bot karet
....
د ربر بوټان

celana dalam
....
زیرنیکري

BH
....
سینه بند

baju rompi
....
واسکټ

body

بادي

celana

پتلون

jeans

جينز

rok

لمن

blus

بلاوز

kemeja

شرت

aket berkerudung

بنيان

sweater

سويتّر

jaket

بليزر

jaket

جاكټ

mantel

كوټ

jas hujan

د باران کوټ

kostum

پوښاک

gaun

كالي

gaun pengantin

د واده پوښاک

setelan resmi

دريشي

gaun tidur

د شپې پوښاک

piyama

پاجامه

sari

ساري

jilbab

لوپټه

turban

پټکی

burka

برقه

kaftan

کفتن

abaya

عبا

pakaian renang

د لامبو پوښاک

celana renang

نیکر

celana pendek

شارټ

olah raga

د خُغاستي پوښاک

celemek

پیش بند

sarung tangan

دستکش

kancing

بتن

kacamata

عینک

gelang

لاس بند

kalung

غاړه کۍ

cincin

کوتمه

anting

غوږوالۍ

topi

خولۍ

gantungan mantel

کوټ بند

topi

خولۍ

dasi

نیمبی

ritsleting

ځنځير

helm

هیلمیټ

tali selempang

ترونکی

seragam sekolah

د ښوونځي یونیفارم

seragam

یونیفارم

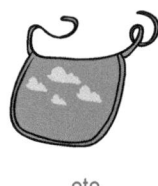

oto

بيب

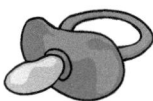

dot

ګونګشی

popok

نيپي

kantor

دفتر

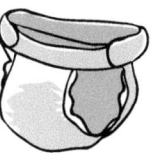

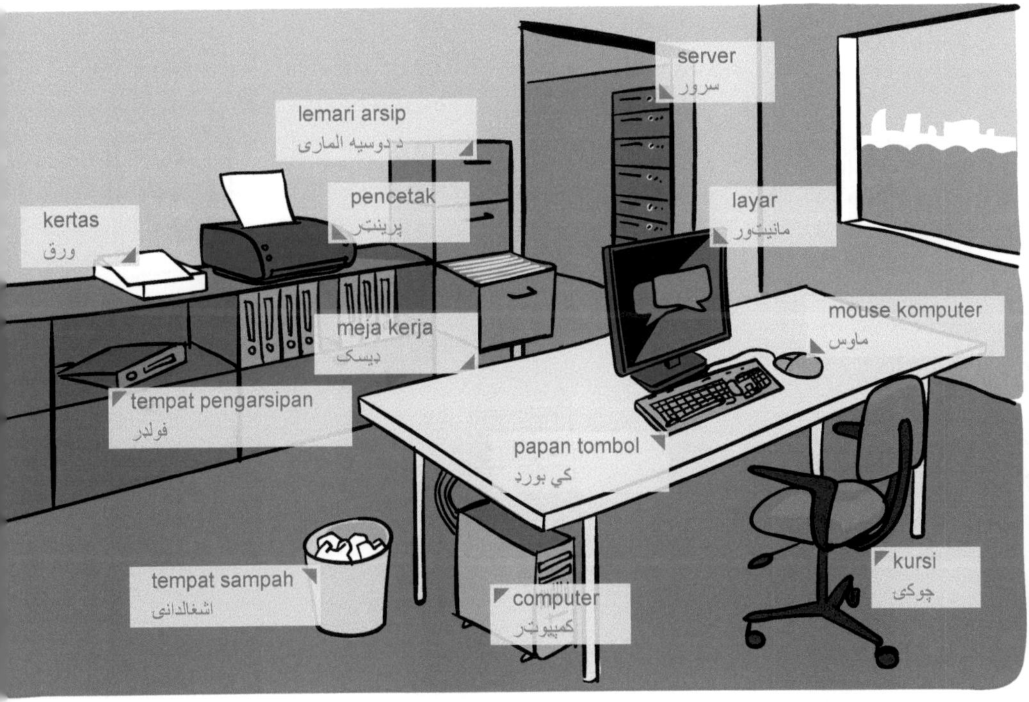
server
سرور
lemari arsip
د دوسيه الماری
kertas
ورق
pencetak
پرينټر
layar
مانيټور
mouse komputer
ماوس
meja kerja
ډيسک
tempat pengarsipan
فولډر
papan tombol
کي بورډ
tempat sampah
اشغالدانی
computer
کمپيوټر
kursi
چوکی

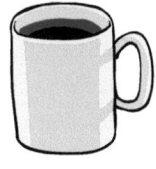

cangkir kopi

د کافي پياله

kalkulator

کالکوليټر

internet

انټرنيټ

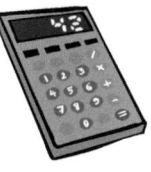

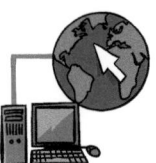

laptop

لپ ٹاپ

surat

لیک

pesan

پیغام

telepon seluler

موبایل

jaringan

نیٹورک

fotokopi

فوٹوکاپیر

software

سافٹویر

telepon

ٹلیفون

plug soket

پلگ ساکٹ

mesin fax

فکس مشین

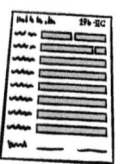

formulir

فارم

dokumen

سند

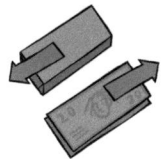

membeli

پیرل

membayar

تادیه کول

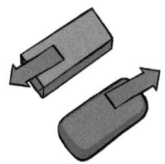

berdagang

سوداگري کول

uang

پیسي

Dollar

ډالر

Euro

یورو

Yen

ین

Rubel

ربل

Franc Swiss

سویسي فرانک

Renminbi Yuan

رینمینبي یوان

Rupiah

روپی

ATM

د نغدي پیسو څای

kantor pertukaran mata uang

د اسعارو د تبادلي دفتر

emas

سره زر

perak

سپین زر

minyak

تیل

energi

انرژي

harga

نرخ

kontrak

قرارداد

pajak

مالیه

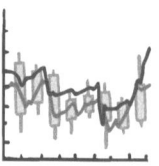

saham

اسهام

bekerja

کار کول

karyawan

کارمند

majikan

کار ګومارونکی

pabrik

فابریکه

toko

پلورنځی

petugas polisi
د پوليسو افسر

pemadam kebakaran
د اطفايه غړی

pemasak
آشپز

dokter
ډاکټر

pilot
پيلوټ

tukan kebun

باغوان

tukang kayu

نجار

penjahit wanita

خياط

hakim

قاضي

ahli kimia

کيميا پوه

aktor

د فلم لوبغاړی

sopir bis

د بس ډرايور

sopir taksi

د ټيکسي ډرايور

nelayan

کب نيونکی

pembantu

خدمه

tukang atap

بام جوړونکی

pelayan

پيشخدمت

pemburu

ښکاري

pelukis

نقاش

tukang roti

نانوا

tukang listrik

د برېښنا کارکونکی

pembangun

تعمير جوړونکی

insinyur

انجنير

tukang daging

قصاب

tukang ledeng

نلدوان

tukang pos

پوست رسونکی

tentara

سرتيري

arsitek

مهندس

kasir

صراف

penjual bunga

ماليار

penata rambut

نايي

konduktor

كليندر

montir

ميکانيک

kapten

کپتان

dokter gigi

د غاښونو ډاکټر

ilmuwan

ساينس پوه

rabbi

بشاغلی

imam

امام

biarawan

مذهبي نفر

pendeta

پادري

alat

لوازم

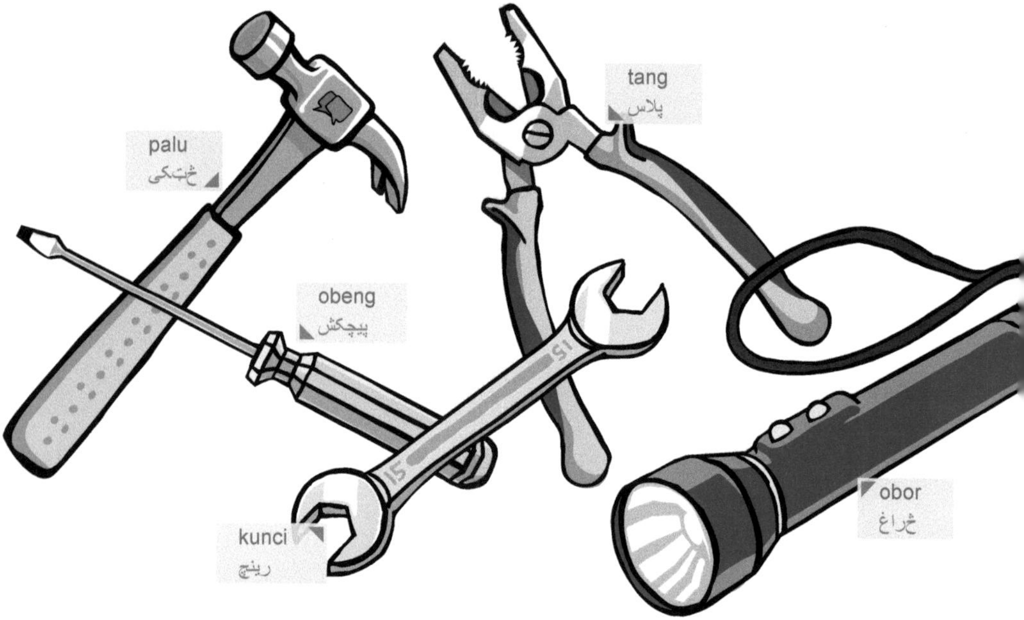

palu
څټکی
tang
پلاس
obeng
پیچکش
kunci
رینچ
obor
څراغ

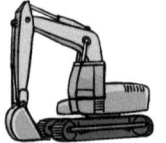

penggali

کنستونکی

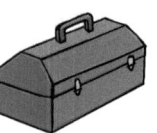

tas perkakas

د لوازمو بکس

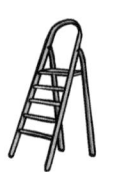

tangga

زینه

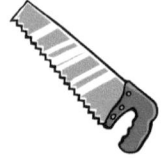

gergaji

اره

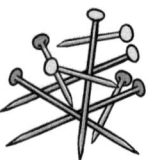

paku

میخونه

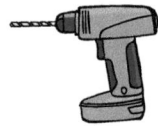

bor

برمه

perbaikan

ترمیم کول

sekop

بیل

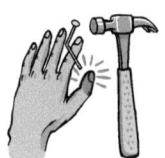

Sialan!

لعنت!

cikrak

خاک انداز

pot cat

مشوانی

sekrup

پیچونه

alat musik

د میوزیک آلات

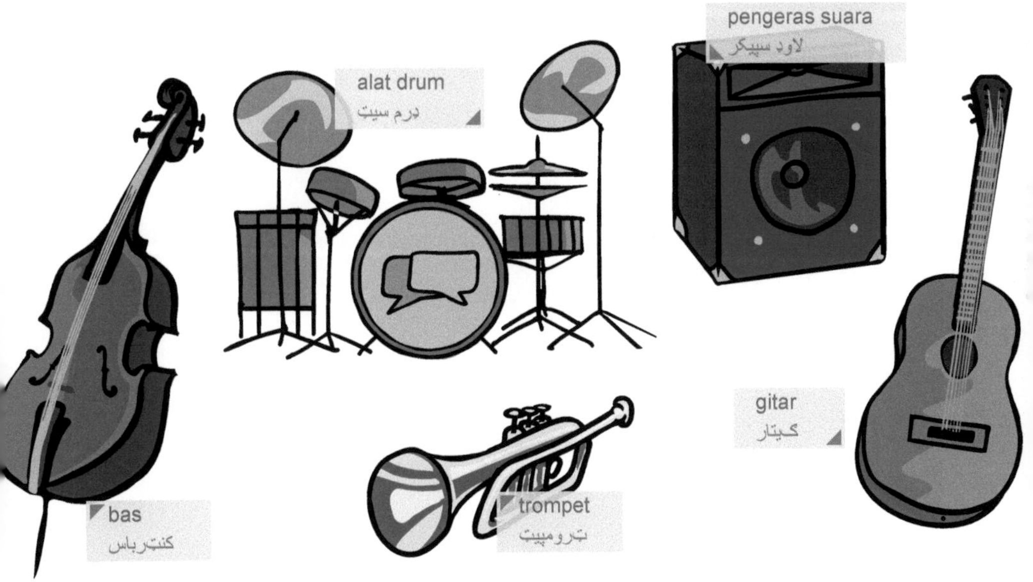

pengeras suara
لاوډ سپیکر

alat drum
درم سیټ

bas
کنترباس

trompet
ترومپیت

gitar
ګیتار

piano

پیانو

violin

واینل

bass

باس

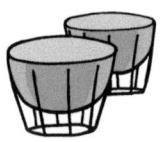

tambur

نغاره

drum

ډرمونه

keyboard

کي بورډ

saksofon

سیکسافون

suling

ﺷﭘﯿﻠﯽ

mikrofon

مایکروفون

kebun binatang

ژوبڼ

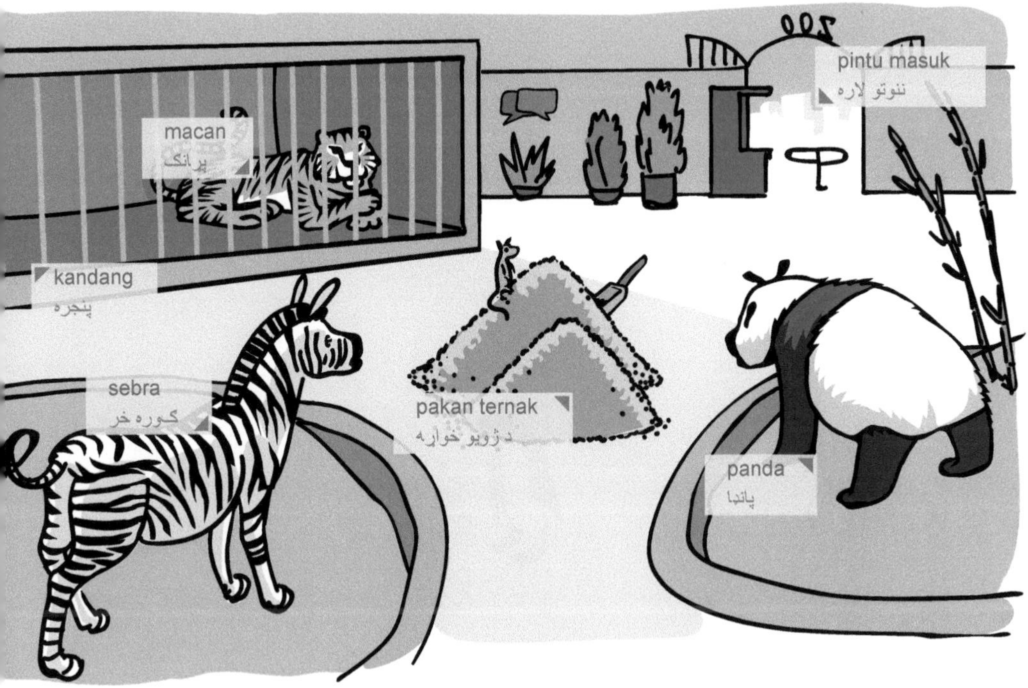

macan
پړانګ
pintu masuk
ننوتو لاره
kandang
پنجره
sebra
ګوره خر
pakan ternak
د ژويو خواړه
panda
پانډا

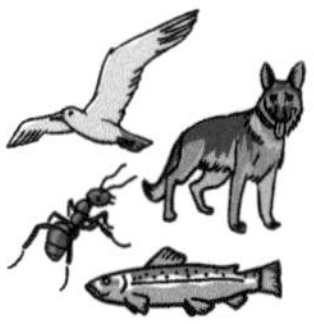

hewan

ژوی

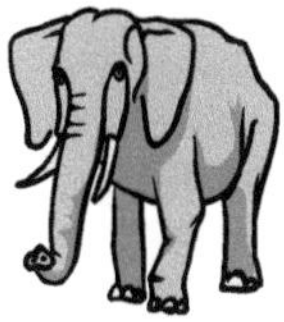

gajah

هاتي

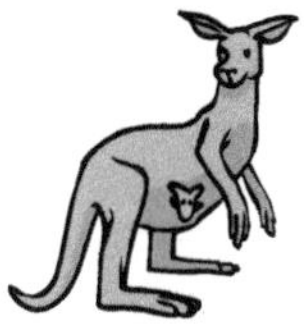

kanguru

کنګرو

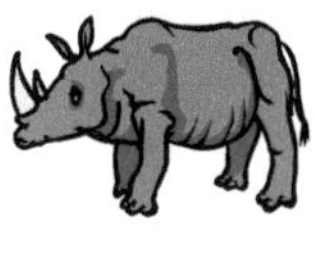

badak

د اوبو اسپ

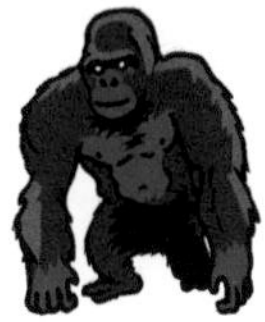

gorila

ګوریلا

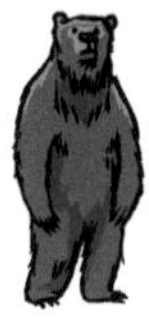

beruang

ایږه

unta

اوښ

burung unta

شترمرغ

singa

زمری

monyet

بيزو

flamingo

غزی

burung beo

طوطي

beruang polar

قطبي ايږه

penguin

پينگوين

hiu

شارک

merak

طاوس

ular

مار

buaya

تمساح

penjaga kebun binatang

ژوبڼ ساتونکی

segel

سيل

jaguar

جگوار

kuda poni

یابو

macan tutul

پرانگ

kuda nil

هیپو

jerapah

زرافه

burung elang

باز

babi jantan

نرخوک

ikan

کب

kura-kura

شمشتی

anjing laut

سمندري نولی

rubah

گیدړه

kijang

هوسۍ

american football
امریکایی فټبال

naik sepeda
سایکل ځغلول

tennis
ټینس

basketbal
باسکیتبال

bernang
لامبو

hoki es
د کنګل هاکي

tinju
باکسینګ

sepak bola

فټبال

badminton

کسیزه

atletik

د ځغاستی لوبی

bola tangan

د هندبال

main ski

سکي

polo

پولو

ketawa
خندل

meloncat
ټوپ وهل

memeluk
غاړه ورکول

berjalan
کرخيدل

menyanyi
سندري ويل

mengimpi
خوب ليدل

berdoa
عبادت کول

mencium
مچو کول

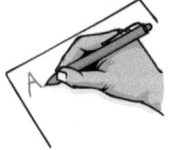

menulis

ليکل

melukis

کښل

menunjuk

ښودل

mendorong

ټيله کول

memberikan

ورکول

mengambil

اخيستل

mempunyai

درلودل

melakukan

کول

adalah

پاییدل

berdiri

ودریدل

berlari

منډي وهل

menarik

راکښل

melempar

ګوزارل

jatuh

لویدل

tidur

څملاستل

menunggu

انتظار کول

membawa

ورل

duduk

کښېناستل

berpakaian

پوښاک اغوستل

tidur

ویده کیدل

bangun

پاڅیدل

melihat

كتل

menangis

ژړل

mengelus

بريد كول

menyisir

كمنځ كول

berbicara

خبري كول

mengerti

پوهيدل

menanyak

غوښتنل

mendengar

اوريدل

minum

څښل

makan

خورل

merapikan

پاكول

cinta

مينه كول

memasak

پخلى كول

menyetir

موټر چلول

terbang

الوتل

berlayar

بېړۍ چلول

menghitung

حساب

membaca

لوستل

belajar

زده کول

bekerja

کار کول

menikah

واده کول

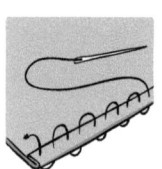

menjahit

ګنډل

sikat gigi

د غاښونو برس کول

membunuh

وژل

merokok

سګرت څکول

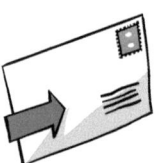

kirim

لیږل

keluarga
کورنۍ

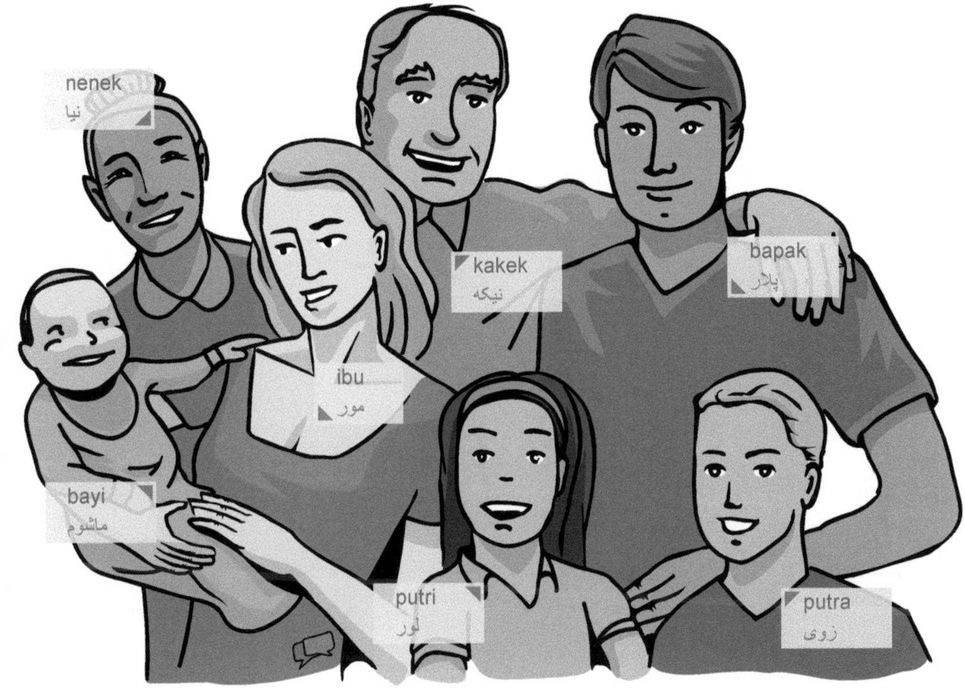
nenek
نیا
kakek
نیکه
bapak
پلار
ibu
مور
bayi
ماشوم
putri
لور
putra
زوی

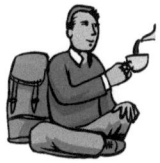

tamu
....
میلمه

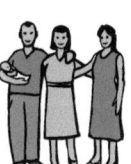

bibi
....
ترور

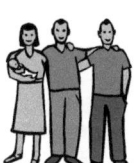

paman
....
کاکا/ماما

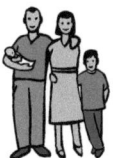

kakak laki
....
ورور

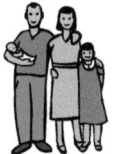

kakak perempuan
....
خور

badan

بدن

dahi
تندی
mata
سترګې
muka
مخ
dagu
زنه
jari
ګوته
tangan
لاس
payudara
سینه
lengan
مټ
bahu
اوږه
kaki
پښه

bayi

ماشوم

pria

سړی

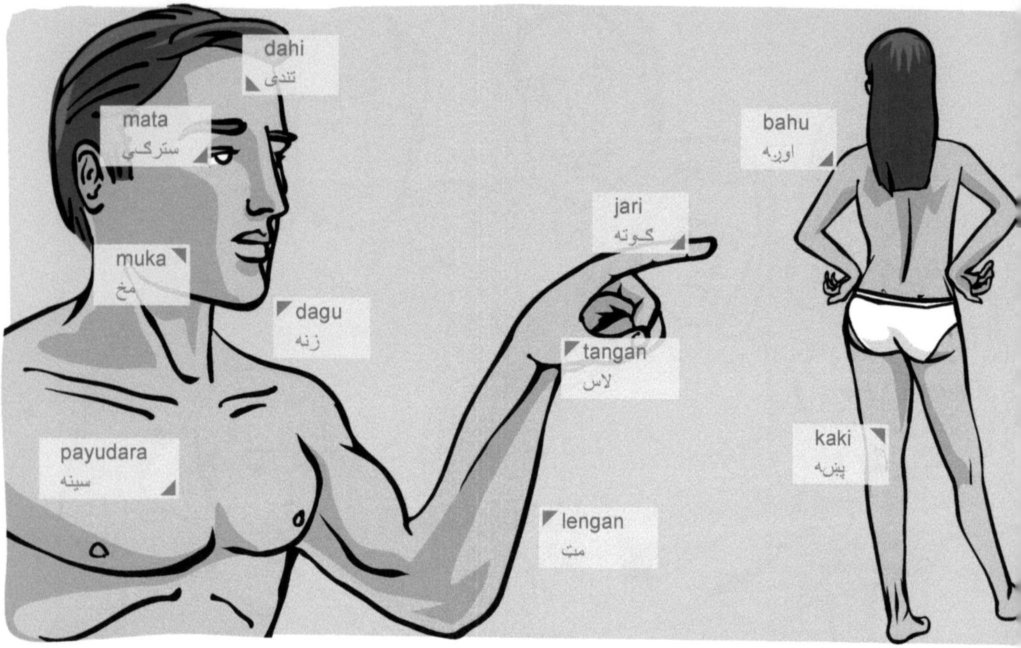

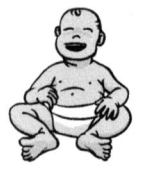

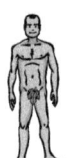

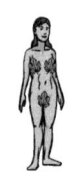

wanita

ښځه

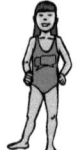

perempuan

انجلۍ

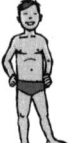

laki

هلک

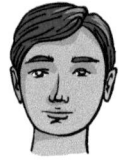

kepala

سر

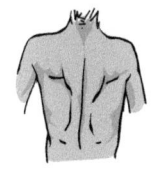

punggung

شا

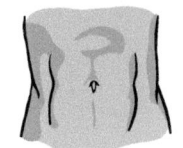

perut

خیټه

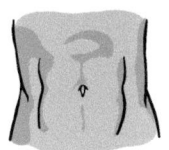

pusar

نوم

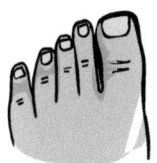

toe

د پښې ګوته

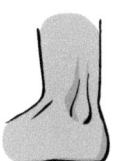

tumit

پونده

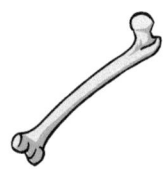

tulang

هډوکی

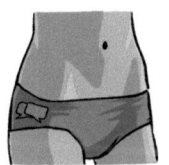

pinggang

کوناټی

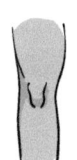

lutut

زنګون

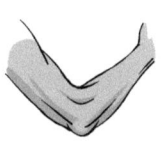

siku

څنګل

hidung

پوزه

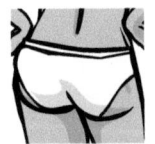

pantat

لاندی برخه

kulit

پوستکی

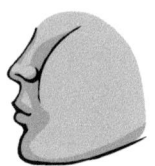

pipi

غومبوری

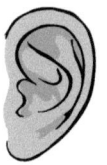

telinga

غوږ

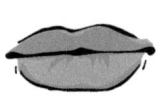

bibir

شونډه

mulut

خوله

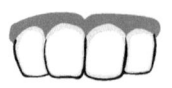

gigi

غاښ

lidah

ژبه

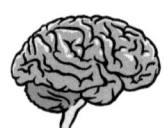

otak

مغز

jantung

زړه

otot

عضله

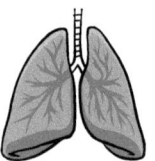

paru-paru

سمزى

hati

ځيګر

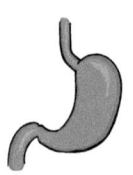

stomach

معذه

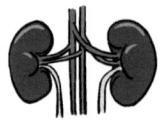

ginjal

پښتورګي

hubungan seks

جنسي نزدى والى

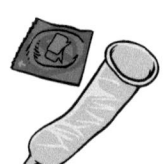

kondom

كاندوم

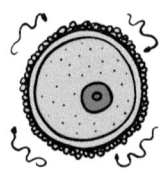

sel telur

تخمه

sperma

مني

kehamilan

حمل

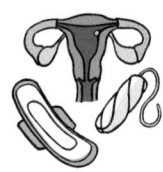

menstruasi

حيض

vagina

مهبل

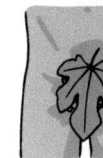

penis

د نارينه تناسلي آله

alis

وروځی

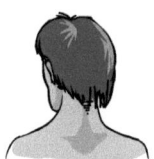

rambut

ويښته

leher

غاړه

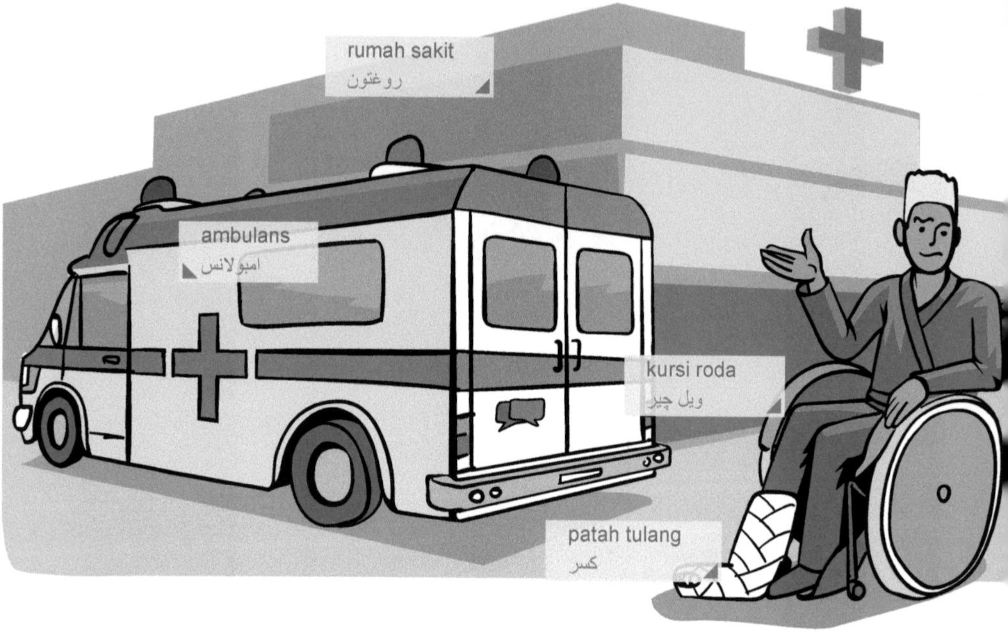

rumah sakit

روغتون

rumah sakit
روغتون
ambulans
امبولانس
kursi roda
ویل چیر
patah tulang
کسر

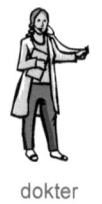

dokter

ډاکټر

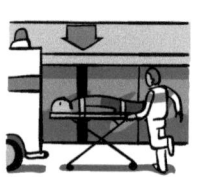

ruang darurat

عاجل خونه

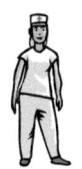

perawat

رنځورپال

darurat

عاجل

semaput

بې هوش

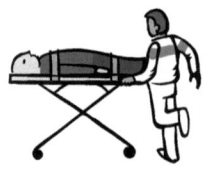

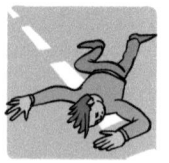

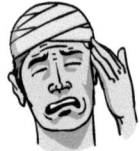

sakit

درد

cedera

ټپ

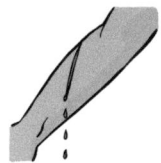

perdarahan

وینه تویدل

serangan jantung

د زړه حمله

stroke

ضرب

alergi

حساسیت

batuk

ټوخی

demam

تبه

flu

انفلوینزا

diare

نس ناستی

sakit kepala

سر درد

kanker

سرطان

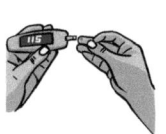

diabetes

شکر

ahli bedah

جراح

pisau bedah

سکالپل

operasi

عملیات

CT

سيبيتي

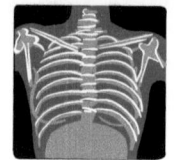

sinar x

ايكس رى

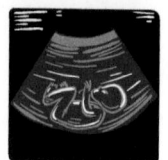

usg

التراساوند

topeng

د مخ ماسک

penyakit

ناروغي

ruang tunggu

انتظار خونه

penyokong

امسأ

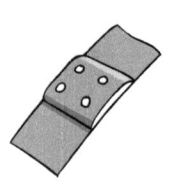

plester

پلستر

perban

بنداژ

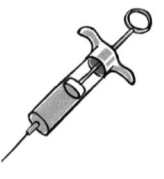

injeksi

تَزريق

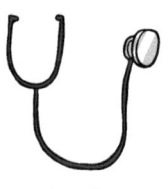

stetoskop

ستاتسكوپ

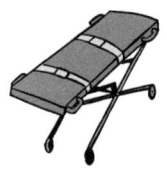

usungan

تسكيره

termometer klinis

كلينكي ترماميتر

kelahiran

زيرون

kelebihan berat badan

زيات وزن

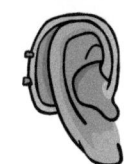

alat pendengar

د اوريدو مرسته

desinfektan

د عفونيت څخه پاکونکي مواد

infeksi

عفونيت

virus

ويروس

HIV / AIDS

ايچ.ای.وی\ايدز

obat

درمل

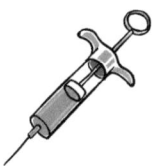

vaksinasi

واکسين

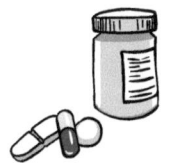

tablet

تابليټـس

pil

ګولى

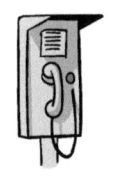

panggilan darurat

عاجل تليفون

ukur tekanan darah

د ويني د فشار څارونکى

sakit / sehat

ناروغ\روغ

Tolong!

مرسته!

alarm

الارم

penyerbuan

يرغل

serangan

بريد

bahaya

خطر

pintu darurat

عاجل لاره

Api!

اور!

alat pemadam kebakaran

د اور وژونکی

kecelakaan

پیښه

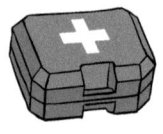

kit pertolongan pertama

د لومړی مرستي لوازم

SOS

ايس.او.ايس

polisi

پوليس

Eropa

اروپا

Amerika Utara

شمالي امريکا

Amerika Selatan

سهيلي امريکا

Afrika

افريقا

Asia

آسيا

Australi

أستريليا

Atlantik

اتلانتيک

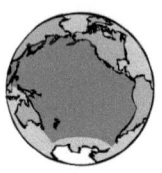

Pasifik

پاسيفيک

Samudra India

د هند بحر

Samudra Antartika

جنوبي منجمد بحر

Samudra Arktik

د شمال قطب بحر

kutub utara

شمالي قطب

kutub selatan

سهيلي قطب

Antarktika

انټارکټيکا

bumi

ځمکه

tanah

ځمکه

laut

بحر

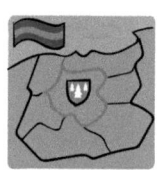

pulau

ټاپو

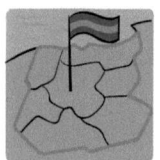

bangsa

ملت

negara

دولت

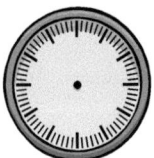

jam wajah

د مخی ساعت

jarum pendek

د ساعت ستنه

jarum menit

د دقیقی ستنه

jarum detik

د ثانیی ستنه

Jam berapa?

څه وخت دی؟

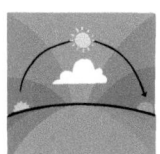

hari

ورځ

waktu

وخت

sekarang

اوس

jam digital

دیجیتل ساعت

menit

دقیقه

jam

ساعت

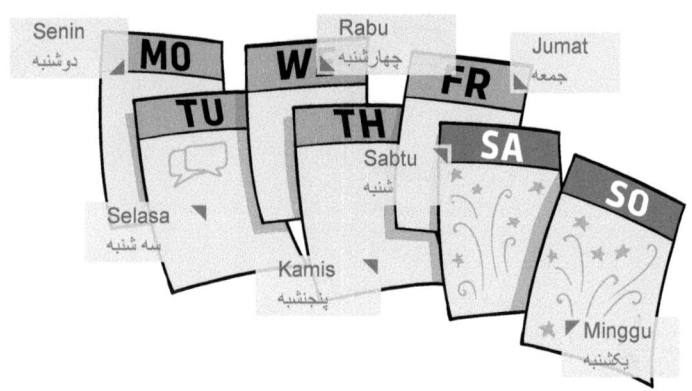

Senin
دوشنبه

Rabu
چهارشنبه

Jumat
جمعه

Selasa
سه شنبه

Kamis
پنجشنبه

Sabtu
شنبه

Minggu
یکشنبه

kemaren

پرون

hari ini

نن

besok

سبا

pagi

سهار

siang

غرمه

malam

ماښام

hari kerja

کاري ورځی

akhir minggu

د اونۍ پای

tahun

کال

hujan
باران
pelangi
رنګین کمان
salju
واوره
angin
باد
musim semi
پسرلی
musim gugur
منی
musim panas
اوړی
musim dingin
ژمی

4.APRIL 11°
5.APRIL 4°
6.APRIL 13°
7.APRIL 8°
8.APRIL 10°

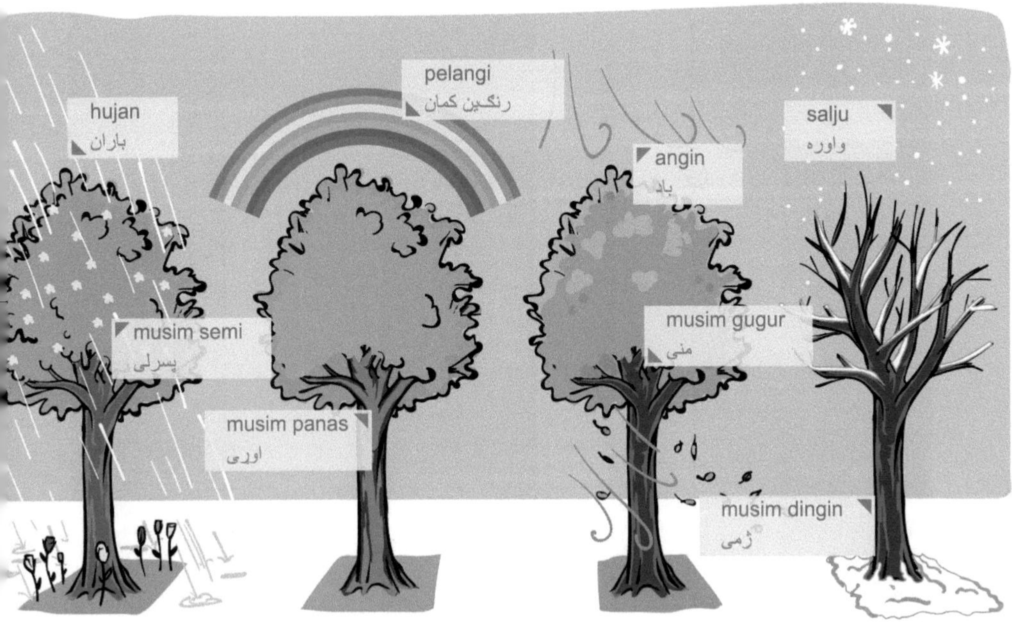

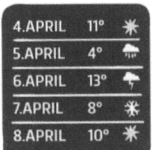

ramalan cuaca

د موسم وړاندوینه

F
C
120
90
60
30
0
-30
40
30
20
10
0
-10
-20

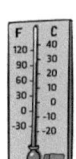

termometer

ترمومیټر

matahari

د لمر وړانګې

awan

وریځ

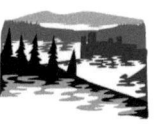

kabut

لړه

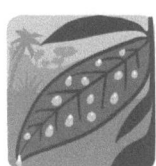

kelembahan

رطوبت

kilat

رڼا

guntur

تندر

badai

توفان

hujan es

ږلۍ وريدل

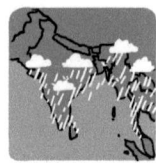

monsun

مون سون باران

banjir

سيلاب

es

يخ

Januari

جنوري

Februari

فبروري

Maret

مارچ

April

اپرېل

Mei

مى

Juni

جون

Juli

جولای

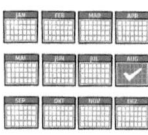

Agustus

اګست

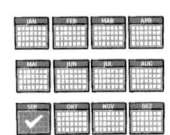

September

سپتمبر

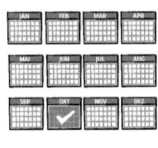

Oktober

اکتوبر

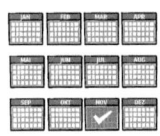

November

نومبر

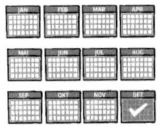

Desember

دسمبر

bentuk

شکلونه

lingkaran

دایره

persegi

مربع

persegi panjang

مستطیل

segi tiga

مثلث

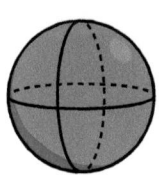

bola

توپ

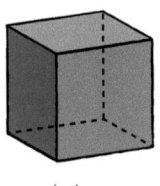

kubus

فال

putih

سپین

kuning

ژیر

oranye

نارنجي

pink

ګلابي

merah

سور

ungu

ارغواني

biru

نیلي

hijau

شین

coklat

نسواري

abu-abu

خړ

hitam

تور

banyak / sedikit

خورا ډیر/خورا لږ

marah / tenang

قار/ارام

cantik / jelek

ښکلی/بدشکله

mulaih / selesai

پیل/پای

besar / kecil

لوی/کوچنی

terang / gelap

روښانه/تیاره

audara laki-laki / saudara
perempuan

ورور/خور

bersih / kotor

پاک/ککر

lengkap / tidak lengkap

مکمل/نامکمل

hari / malam

ورځ/شپه

mati / hidup

مړ/ژوندی

luas / sempit

پراخه/تری

dapat dimakan / tidak dapat dimakan

د خوراک وړ/نه خوړل کیدونکی

jahat / baik

بد/مهربان

bersemangat / bosan

پاریدلی/بی خونده

gemuk / kurus

چاق/وچ

pertama / terakhir

لومړی/اوروستی

teman / musuh

ملګری/دښمن

penuh / kosong

ډک/تش

keras / lembut

سخت/نرم

berat / enteng

دروند/سپک

lapar / haus

لوږی/تنده

sakit / sehat

ناروغ/روغ

ilegal / legal

غیرقانوني/قانوني

cerdas / bodoh

هوښیار/ساده

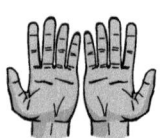

kiri / kanan

کیڼ/ښی

dekat / jauh

نږدې/لری

baru / bekas

نويا/زور

tidak ada apapun / sesuatu

هيچ/يوڅه

tua / muda

بدا/ځوان

nyala / mati

چالان/بند

buka / tutup

خلاص/تړلى

tenang / keras

غلى/لور غږ

kaya / miskin

بدايه/غريب

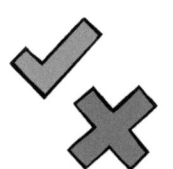

benar / salah

صحيح/غلط

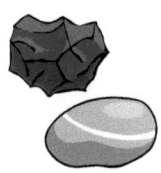

kasar / halus

زبر/ملايم

sedih / gembira

خفه/خوښ

pendek / panjang

لنډ/اوږد

pelan-pelan / cepat

سست/کرندى

basah / kering

لوند/وچ

hangat / sejuk

ګرم/يخ

perang / damai

جګړه/سوله

berlawanan - متضاد

0
nol
صفر

1
satu
يو

2
dua
دوه

3
tiga
دري

4
empat
څلور

5
lima
پنځه

6
enam
شپږ

7
tujuh
اوه

8
delapan
اته

9
sembilan
نهه

10
sepuluh
لس

11
sebelas
يولس

12

duabelas

دولس

13

tigabelas

ديارلس

14

empatbelas

څوارلس

15

limabelas

پنځلس

16

enambelas

شپارس

17

tujuhbelas

وولس

18

delapanbelas

اتلس

19

sembilanbelas

نولس

20

duapuluh

شل

100

seratus

سل

1.000

seribu

زر

1.000.000

juta

ميليون

Inggris

انگلسي

bahasa Inggris Amerika

أمريكايي انگلسي

bahasa Cina Mandarin

چينايي مندرين

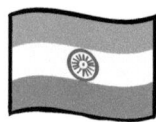

bahasa Hindi

هندي

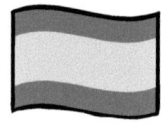

bahasa Spanyol

هسپانوي

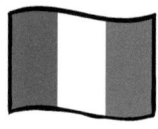

bahasa Perancis

فرانسوي

bahasa Arab

عربي

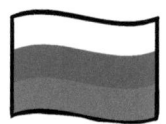

bahasa Rusia

روسي

bahasa Portugis

پرتگالي

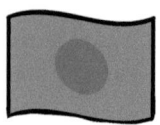

bahasa Bengal

بنگالي

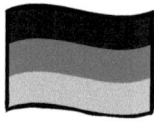

bahasa Jerman

ألماني

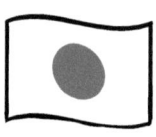

bahasa Jepang

جاپاني

saya

زه

kamu

ته

dia

هغه/دغه/دا

kita

موږ

kalian

تاسي

mereka

دوی/هغوی

siapa?

څوک؟

apa?

څه؟

begaimana?

څنگه؟

dimana?

چیری؟

kapan?

کله؟

nama

نوم

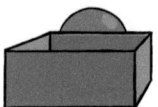

dibelakang

شاته

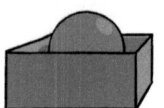

di

په

didepan

په مخه کی

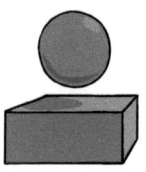

diatas

باندي

diatas

په

dibawah

لاندي

sebelah

برسیره پر

di antara

ترمینځ

tempat

ځای